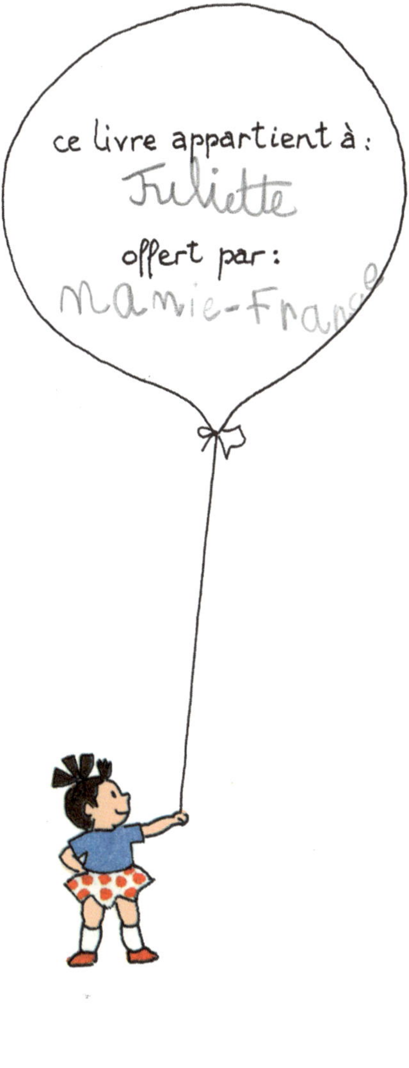
ce livre appartient à :
Juliette
offert par :
Marie-France

RETROUVEZ mimi cracra DANS

Mimi Cracra dans le grand bain

Mimi Cracra sous la pluie

Mimi Cracra en cuisine

bon ou pas bon ! Faut voir !

Tiens, personne ?

Normalement, il devrait y avoir ici, euh, un marmiton avec un bonnet rond ! Ou un pâtissier avec un tablier ! Ou un grand-chef de cuisine qui se lèche les babines ? Ou bien, je dirais, une cuisinière ! Oui : une cuisinière qui cuisine sur la cuisinière de la cuisine, quoi ! Misère d'anniversaire ! Personne ici pour une idée de goûter ? Ah ah mais si ! Mon

gros Nounours, tu es là, toi au moins ! Les autres sont tous partis, je ne sais pas où... Peut-être sont-ils tous sortis faire des courses au Brontosaure-marché, celui qui reste ouvert toute la nuit même le lundi ? Pourtant il y a déjà tout ce qu'il faut, dans cette cuisine, et même y en a pour tous les goûts : regarde, cher Nounours !

Il y a du sucre cristal, qui est juste le contraire du sel de mer, il y a des coquillettes

MA PREMIÈRE BIBLIOTHÈQUE ROSE

Agnès Rosenstiehl

Mimi Cracra en cuisine

HACHETTE

à Lucie Gay, ma petite-fille chérie,
danseuse de hip-hop qui sucre le sucre…
A. R.

Hachette Livre, 43, quai de Grenelle, 75015 Paris.

Amuse-toi avec Mimi Cracra sur son site :
www.mimicracra.com

1

Mimi Cracra en cuisine

Hé, ça sent quoi par ici ? Le… risotto à la framboise ? Les escargots à la banane ? Ou… la sauce au rabougribougra ? Ou un anniversaire qui chauffe ? Ma parole, on ne sait même pas si ça sent

aux œufs qui ne sont pas des œufs à la coque, il y a une cuiller en bois qui est pleine de confiture, et il y a de la confiture plein le pot, et il y a le pot de cornichons qui

m'attend, car je mets mon tablier !

J'arrive, ça va chauffer, car nous avons décidé, Nounours, que c'est aujourd'hui ton anniversaire ! Tu es d'accord ? De quel âge tu as ton anniversaire ? Tu sais pas ?

Et ça y est, t'as encore tout oublié, tout ce que je t'ai dit ! Nounours, tu as ton anniversaire de petit garçon, voilà ! Pour les ours, ça te fait, euh, cinq ans d'ours ! Tu vois, il y a des bougies

dans cette boîte. C'est parce que tout le monde sait que c'est ton anniversaire… ce soir ! C'est pour ça !

Je pense que tu vas avoir des cadeaux, des gâteaux, des ballons, des bonbons, et tout ça, enfin si tout va bien... Je m'occupe de ton gâteau. Je te connais un peu, mon petit vieux, et je pense que tu apprécierais l'anniversaire au chocolat, comme d'habitude. Cela dit, Nounours, tu sais très bien qu'il ne faut pas exagérer avec le... chocolat. Pas trop de chocolat, ni de choco, ni de choc, surtout que je n'en trouve p... HA ! le voilà ! Il y en a un gros bout, là ! Mais

attends un peu, il faut goûter pour découvrir la bonne qualité..., ou la pas bonne ! Goûte voir, toi aussi. Qu'est-ce que tu en penses ?

Moi ? Je le trouve bien. C'est du bon, un peu biologique (mais pas trop) (juste bien). Évidemment, il est très dur ! Faudrait qu'il soit un peu ramollo, pour entrer dans un gâteau. On va poser ce chocolat sur le radiateur, qui sera notre four : sur le radiateur, c'est ça la bonne

solution. Bon, salut, choco, fonds bien ! Si tu permets, Nounours, on va prendre ce seau de plage pour faire ton moule à gâteau, car ça fera des beaux dessins : tu sais, quand on renversera le seau pour voir notre gâteau.

Et je vais le laver, ce seau, quand même, car il n'est pas très très propre : il reste un petit peu de sable dans le fond. Allez à l'eau ! Sois heureux ! Sois propre en plus !

Et puis ? Alors, à part ce

produit principal, qu'est-ce qu'on veut ? On veut… on veut ça : ces petits biscuits ! Car des petits biscuits pour faire un gros gâteau, c'est de l'économie… économique,

puisque des vieux biscuits pas bons vont devenir, par notre miracle, un énorme gâteau extrabon ! Ils sont sauvés de la catastrophe de poubelle !

Pas tout à fait, remarque, car… il faut les écrabouiller, pour que ce soit un délice merveilleux.

Tu peux les écrabouiller avec tes pattes, s'il te plaît Nounours, car c'est exactement un travail facile pour toi, n'est-ce pas ? Tu sais bien que c'est un travail d'ours, l'écrabouillage de biscuits : je vois que tu le fais très bien, mon petit vieux !

Alors là, félicitations : tu as mérité ton ourson d'écrabouillage !

Et voilà : nous avons une petite montagne de miettes. Pour coller tout ça ensemble, nous avons du chocolat qui doit être bien ramollo.

Vérification du ramollo : bien. Tiens, vérifie, Nounours, la bonne vérification.

Délicieuse, même... Maintenant laisse-moi faire ma recette : on verse le ramollo dans le seau. C'est très difficile parce que le ramollo colle à mes doigts, et après

on verse les miettes de biscuit dans ce tas de ramollo, et ensuite on remue avec notre pelle.

Tu vois, je remue, je remue tout ce mélange. C'est long, le remuage du ramollo, c'est dur ! Et voilà : parfaitement remué, et on a le droit de lécher la pelle, puisqu'elle est à nous. Bonne pelle !

Mais il faut cuire notre gâteau spécial. Il est très spécial, car maintenant hop ! au froid : c'est un gâteau qui

cuit au froid, enfin... qui devient gâteau seulement s'il a bien froid, sinon il reste un ramollo au vieux biscuit ! Ouf, fini, le gâteau !

Et maintenant, Nounours, tu dois tout oublier : je te regarde... dans les yeux... comme un magicien !

Nounours, écoute la magicienne qui te dit : oublie ton gâteau... et comme ça... tu auras une surprise ! Compris ? Tu as compris ? Tu as oublié ton gâteau ? Bravo, on fait bien la magie, nous deux ! Et d'ailleurs moi aussi j'ai oublié, tout ! Sauf que c'est un peu le désordre, ici, et que faut changer ce désordre en rangement.

J'enlève cette pelle qui peut retourner dans le coffre à jouets, ce moche papier de chocolat qui a le droit d'entrer dans la poubelle : toc toc ? On peut entrer ?

Poubelle, ouvre-toi ! Oh oh, c'est complet... Pourtant c'est ouvert, on croit qu'on peut entrer, on entre, mais après on ne peut plus refermer la porte... Sauf si j'enlève ce vieux carton de lait qui prend toute la place et qui peut attendre un autre

jour pour son voyage en poubelle. Hop, adieu le moche papier ! Poubelle, as-tu encore faim ? Elle n'a pas faim de carton, elle a faim de clémentine, comme nous d'ailleurs.

Nounours, je prends une clémentine : ça t'intéresse ?

Toi tu la sens, moi je la goûte, et la poubelle mange les épluchures. Ah, misère de poubelle, et ça y est, elle a encore trop mangé... Faut s'asseoir dessus pour lui fermer la porte au nez !

Poubelle, tu es trop gourmande ! Tu auras ton carton de lait demain, compris ?

Poubelle, ferme-toi ! Ça y est, fermée. Nous pouvons

enfin organiser le dîner pour les invités.

Et les invités c'est qui ? C'est qui qui vient ? Y a toi, y a moi, y a le chat Raminagrobis qui ne veut jamais obéir et qui est très mal élevé mais on l'invite quand même parce que lui, c'est obligé. Y a Lapinot Pinpin qui est très timide et qui se cachera sous la table mais on l'invite quand même, et des grandes personnes si tu veux. C'est toi qui décides

puisque c'est ton anniversaire. Non ? Non, tu dis non ? Bon alors on est un deux trois quatre. On va mettre le couvert et dessiner le menu. Tu sais bien, le menu, c'est l'histoire qui dit ce qu'il y a à manger. Tout le monde veut vraiment savoir ça : qu'est-ce qu'on mange pour ton anniversaire ?

2

Menu !

Écoute bien ton menu, Nounours !... En plus d'un gâteau, j'ai une idée d'œuf d'autruche ! Tu sais bien, les œufs géants, qui sont géants parce que leur mère, qui est une autruche, est, heu, une

oiseau géante : elle pond... des œufs qui sont, oh, gros comme des ballons de football, mais très très chers et très très rares !

Comme c'est très cher, il

vaut mieux se le fabriquer nous-même, ça fera un œuf d'autruche pas cher !

Recette : on met dans le plat du fromage blanc, et au milieu, de la crème jaune qui vient du Brontosaure-marché qui reste ouvert toute la nuit même le lundi. Ça fait un énorme œuf sur le plat. Vois-tu, Nounours, l'énorme idée ? C'est bon, comme idée d'économie, hein ? Surtout pour toi qui es un ours qui mange beau-

coup, comme tous les ours, et qui est gourmand plus que tous les autres ours. Donc d'abord, sur le menu qui dit tout, il faut dessiner le gros œuf d'autruche !

Je pense que pour faire la bonne couleur sur le dessin, on va prendre le jaune d'un vrai œuf pour avoir la bonne couleur exactement. Voilà ma nouvelle peinture : un véritable œuf tout neuf, et dedans il n'y a que du jaune comme couleur : c'est juste

la couleur. Et je fais un petit tr... OUILLE cassé !!! dans l'assiette heureusement. Voici une peinture jaune tout prête, et je dessine un œuf sur le menu. Tu vois ?

Tu vois ce dessin jaune sur ton menu, tu comprends, alors tu dis « d'accord j'ai compris, on va manger un œuf de géant sur le plat ! » C'est pour ça que, toujours, il y a des menus : au restaurant par exemple. Et maintenant qu'on l'a dessiné sur le menu, faut le fabriquer en vrai !

Fabrication ! Opération d'autruche ! Ça marche très bien : hop, le fromage blanc atterrit en plein dans le plat,

splatch ! Après, je fais un trou au milieu, et je verse la crème à la vanille, sploutch ! Gros jaune atterrit en plein milieu de gros blanc, et hop, pondu, l'œuf d'autruche ! On a notre œuf géant sur le plat, comme dit le menu !

Et on met quoi d'autre, sur ce menu ? Faut trouver autre chose, Nounours, car je me demande si Lapinot Pinpin aime les œufs sur le plat en fromage blanc à la vanille... Je pense que non.

Le lapin Lapinot Pinpin mange du quoi ? Il n'aime que les carottes et les salades et les fraises peut-être ! Mais il y a une grève des fraises en ce moment !

Donc en deuxième, pour être poli avec lui, on mettra des carottes sur notre menu.

Je prends mon crayon-carotte. Quand on est en panne, il faut prendre un crayon orange, car c'est avec de l'orange qu'on fait de la carotte,... ce qui est très bizarre ! Car ce n'est pas le même goût, mais enfin...

Regarde ! Lapinot Pinpin sera très content quand il verra le menu, car il lira en orange : carottes à manger !

Et enfin, pour tous ceux qui aiment le gâteau au (chut !), euh, comme moi par exemple, on va dessiner sur le menu avec un crayon marron, ce qui est aussi bizarre,

car le marron et le chocolat ce n'est pas le même parfum, mais enfin.

Ça y est, le beau menu est fini, avec toutes ses décorations. On l'affiche pour que tout le monde soit au courant.

Je crois que c'est le moment de regarder si le gâteau est bien réussi... Maintenant que je l'ai sorti du froid, il est dur ! Je goûte...

Ne regarde pas, car c'est ta surprise... On va le renverser sur le plat d'anniversaire...

Je tape sur le fond, allez hop descends, gâteau ! Ouille ! Ouille ! J'entends que ça dégringole, là-dedans... Pas fini de dégringoler ?...

Oh regarde : presque tout dégringolé, et quoi ? Zut raté, le fond est au fond ! Mais quand même très joli : on dirait une... montagne magique ! C'est une montagne géniale pour les ours ! Chacun va être content ! Si j'étais petite, je me promènerais sur cette montagne,

moi ! Je mettrais mes bottes, je ferais de la luge et je tomberais dans le chocolat !

C'est vraiment dommage que je sois une géante...

Tant pis, je remets cette montagne au froid, ce qui est très bon pour une montagne car elle aime la neige, et elle voudrait de la neige ! Pas de problème, on va lui en mettre, plein, de neige ! Je sais où il y a de la neige, ici : dans cette bombe !

Attention, dans la mon-

tagne ! Voilà la neige qui tombe, qui tombe partout sur la montagne ! C'est la surprise qui continue ! Il neige très fort ! Il neige même dans ma bouche !

Flouc... flouc... zut, fin de la tempête ! Retour de la montagne dans son pays froid. Et maintenant qu'est-ce que je vois ? C'est le chantier, ici ! C'est terrible, c'est pas possible ! Faut du rangement de vaisselle !

Allez tous au nettoyage ! Lapinot Pinpin, tu dois croquer toutes les miettes qui sont par terre en vitesse ! Tu seras invité après. Raminagrobis, toi, tu dois lécher tout ce qui colle dans cette

cuisine ! Nounours, tu les surveilles d'un œil d'ours !

Et moi, je prends la grosse éponge de nettoyage ! Attention ! Pchitt ! Eau froide d'hiver très glacée pour le rinçage dans ma cuvette !

Et maintenant, ici ceux qui sont sales ! Hop, le seau qui arrive, et hop, la pelle qui se rappelle qu'elle est sale, et hop l'assiette, et hop mes doigts qui sont barbouillés ! C'est un débarbouillage de patouillage ! Pour tous ceux qui ont travaillé à ton anniversaire, Nounours ! Et mes chaussures, qui n'ont rien fait, sont mouillées aussi quand même...

Je décide de les enlever, et

aussi mes chaussettes, car c'est bien comme cela que Cendrillon lave par terre, et moi je fais comme elle. Et ça me lave bien les pieds en même temps ! Quel beau

lavage d'anniversaire ! Et ça fait du bien à la cuisine : il pleut un petit peu dans la maison, aujourd'hui en tout cas ! Et pour essuyer, voilà mon gros peignoir qui

arrive, et qui va servir à quelque chose au lieu de s'ennuyer tout seul dans la salle de bains. Après, il va se promener dans le panier à linge sale, il est très occupé, il voyage beaucoup. Résultat général à la finale : tout a l'air neuf dans cette cuisine propre ! Fin du cyclone de nettoyage !

3

C'est la fête au Palais !

C'est en l'honneur de toi, Nounours ! Donc : tu dois te repeigner, et te lécher les pattes, à la mode des ours ; et remettre mieux ta culotte qui dégringole, et te tenir mieux que ça, toi

le roi de cet anniversaire. Mais comment faire venir ce Lapinot Pinpin très timidement caché sous la table ?

Eh bien, évidence : on va y aller aussi ! Nous descendons dans la salle des fêtes pour recevoir les invités !

Dans cette salle des fêtes il faudrait des beaux rideaux : idée, je prends le drap de mon lit, bleu comme un rêve ! Regarde, cette grande salle des fêtes qu'on vient de construire en ton honneur !

Maintenant il faut nous installer dans cette belle salle pour ton anniversaire, évidemment ! Comme la fête est pour toi, tu dois t'asseoir au bout, qui est le bout du

président ! Ça, c'est ton trône : bouge pas de là !

Tu as de la chance, car sous la table, c'est un endroit très tranquille. Pas de téléphone. Bon, les invités

arrivent ! Entre, Lapinot Pinpin, tu es le bienvenu malgré ta timidité ! C'est la fête, n'est-ce pas ? Tu n'as rien à craindre car chacun t'apprécie comme lapin !

Raminagrobis, gros chat, tu es invité mais toi tu n'as pas le droit d'embêter Lapinot Pinpin, car lui c'est notre ami timide. Je te mets ta caisse de chat dans ce coin-ci afin que tu te sentes à l'aise. Sens-toi à l'aise, cher ami !

Et tiens, voici des invités qu'on n'avait pas invités !

Poupée, viens, t'asseoir à côté de Lapinot Pinpin : car toi tu n'es pas dangereuse ! Quoi, que vois-je ? Une araignée qui descend du plafond et qui croit qu'on l'a invitée ? Pas invitée du tout. Tiens ma vieille, j'ouvre ce carton pour toi, va là-dedans et ne nous dérange pas, car

je t'ai déjà dit vingt-cinq fois : c'est dehors, chez toi ! Pas dans la maison, compris ? Petit Cochon, viens, sois sans peur et sans reproche car ce n'est pas toi qu'on va manger aujourd'hui : aujourd'hui, pas de jambon sur notre menu, tu peux vérifier. Ah, tiens tiens, monsieur Loup du Plastoc, cher ami, entrez donc, vous êtes journaliste, n'est-ce pas ? Voici la place du journaliste, pour vous : très bien placé

pour faire nos photos d'anniversaire, merci beaucoup. Je vais mettre des bougies sur la montagne de neige au chocolat qui glace en attendant : complètement glagla ! Nos bougies sont en crayons de couleurs, ce qui est très joli et très original car c'est le nouveau modèle, qui ne prend pas feu heureusement. Et voilà ta surprise, Nounours ! Hé faut chanter, tout le monde ! Nounours, voici la surprise qui t'étonne,

c'est la nouvelle chanson :
Bon anniversaire,
Reste un gros pépère,
Voici ton gâteau,
Qui est vraiment beau !
Et voilà ! Souffle tes bougies !

Chers amis, puisque vous êtes invités, il faut offrir un cadeau, je vous préviens ! Lapinot Pinpin, quel est ton offrande de lapin ? Ah là là, il est si timide ! Dis-moi dans

l'oreille... Il dit qu'il t'offre une salade ! Mais il l'a laissée dans le jardin pour ne pas salir la cuisine, et tu l'auras plus tard. Un vrai cadeau de lapin : c'est normal.

Et Raminagrobis, toi tu dis quoi ? Que tu offres ta balle de caoutchouc à Nounours ? C'est très bien, tu n'es pas égoïste, ce qui est rare pour un chat ! Et toi, Poupée, tu as quoi pour Nounours ? Ce parapluie ? Alors là bonne idée : il en voulait un, hein Nounours ? Tu dis merci ? Quelle politesse !

Et voici le cadeau de Petit Cochon, qui est le Livre des trois petits cochons : c'est son histoire qu'il te donne !

Très gentil ! Maintenant, le vieux Loup du Plastoc fait un cadeau artistique : ton portrait ! Il prend les bougies qui sont des crayons, puis je l'aide, et voilà,

regarde ! Ton portrait ! Que tu peux encadrer !

Maintenant, mes chers amis voici le plat de résistance, qui est un œuf très solide d'une énorme autruche !

Approchez tout le monde et vérifiez : c'est un œuf de cent kilos presque !

Nounours à toi l'honneur : goûte ta part, et nous les invités, nous dégustons le reste d'autre part !

Ne faites pas des taches partout, car nous sommes

au Palais. Et maintenant, qui veut de l'œuf d'autruche ? Justement il y en a ! Raminagrobis, je parie que tu en veux !

Ha ! Regarde Nounours !

Il en veut ! Cher vieux chat ! Tu aimes ma cuisine, je vois ! Cet œuf d'autruche est délicieux, sûrement ! Je goûte avec toi, miam ! laisse-moi le jaune, et toi finis ton blanc !

Lapinot Pinpin, tu fais ta tête, ta tête de lapin ? Il y a une carotte pour t'enlever ta tristesse et ta timidité ! Prends, c'est réservé pour toi. Et le reste de fromage blanc est pour Petit Cochon, et pour Loup du Plastoc ! Comme ils sont petits, ils ont le droit... de marcher dans l'assiette ! Ils ont de la chance, je trouve !

Moi et Poupée, on peut juste mettre notre bout de doigt de pied et c'est tout !

C'est rien, presque ! Mais mon gros doigt de pied est quand même content de marcher dans la crème à la vanille, même sur la pointe des pieds ! Va, Droipeton, tu

peux jouer dans la crème à la vanille, pour une fois !

Mmm, elle est bonne, dis ! Très douce ! Bon ! Fini... ! Viens, Poupée, sors de là puisqu'il n'y a plus rien

à manger, ici c'est le bal qui commence, au Palais ! Nounours qui est le Prince et qui a son anniversaire invite la Princesse, qui est moi. Mais attends-moi, Nou-

nours ! Il faut que les autres soient prêts ! Ho ! Lapinot Pinpin ! Tu vas danser avec Poupée car elle est timide comme toi presque, et toi Raminagrobis… va danser avec Loup du Plastoc qui n'est pas du tout timide et n'a peur de rien… Qui va danser avec Petit Cochon ? Et qui va lui apprendre, d'ailleurs, car Petit Cochon n'a jamais été au bal ? Bof, Petit Cochon connaît bien la musique, car il danse tout le temps, dans son Livre !

Et hop ça commence la danse ! Le palais s'illumine, car le soir est arrivé ! Illumination par électricité ! Sortez de là-dessous !

Dansez, hop ! hop ! et hip et hop c'est ça l'Europe hop hop ! Écoutez la radio qui chante dans le Palais :

C'est-la-danse-in-ven-tée !
Pour-pas-nous-fa-ti-guer !
U-ne-danse-de-cui-sine !
Qui-n'est-pas-pour-l'u-sine !
On-a-bien-tra-vail-lé !
On-vou-drait-vo-ya-ger

Bon, maintenant le bal est terminé. Il faut aller vous coucher. Il faut digérer. Mais qui va ranger ? Les spécialistes ! Nounours et moi, nous som-

mes le Prince et la Princesse, et aussi les spécialistes. Pour les rangements de vos bêtises, chers invités, nous sommes les spécialistes… Moi je tiens le balai de sorcière, qui

m'emmène pile là où il y a de la poussière ! Opération magique de ce balai.

En route pour des aventures de poussière ! Poussez-vous, car quand je démarre c'est rapidos ! Attention au départ ! Ce Palais est toujours plein de poussière, j'ai beaucoup de travail. Et ça recommence, ah là là... Poubelle, ouvre-toi ! Schlak elle s'ouvre ! Poubelle, mange cette poussière ! Schlak elle la mange... Poubelle, ferme-

toi, et schlak elle se ferme pas, et ça, ça m'énerve, ça m'énerve...! Toujours faut s'asseoir dessus, et même monter dessus pour qu'elle comprenne... Enfin quoi, c'est la vie d'une poubelle...

Dites donc, vous, vous êtes encore en train de danser dans le fromage ? Non mais ça va pas la tête ? Allez ouste, les invités, sortez de là en vitesse ! Si le Prince vous voyait !... Hop dans la cuvette ! Justement j'en-

tends des pas rapides qui reviennent du Brontosaure-marché qui n'est jamais fermé même le lundi à minuit, et je pense, Nounours, que nous allons... rentrer dans notre chambre, car c'est à chacun son tour d'avoir la cuisine ! Peut-être que c'est mon anniversaire ce soir ? Nounours, faut pas me le dire, car c'est une surprise pour moi !

Et ça chante dans ma tête un nouveau poème, le voici :

L'anniversaire de mes amis,
c'est toujours
le plus beau jour de ma vie !

C'est un poème d'anniversaire que tu peux apprendre, Nounours. Car tu dois devenir un Nounours qui connaît bien la poésie, comme tous les ours normaux.

La poésie, c'est bon pour les ours ! Pas seulement pour les hommes !

Table

1. Mimi Cracra en cuisine 7

2. Menu ! 35

3. C'est la fête au Palais ! 59

Imprimé en France par ***Partenaires-Livres®***
n° dépôt légal : 50730 - novembre 2004
20.24.0787.0/04 ISBN : 2.01.200787.2
Loi n° 49-956 du 16 juillet 1949
sur les publications destinées à la jeunesse